Altes Testament Einleitung

Christoph Mohr

Bibliografische Information der Deutschen Nationalbibliothek:

Die Deutsche Nationalbibliothek verzeichnet diese Publikation in der Deutschen Nationalbibliografie; detaillierte bibliografische Daten sind im Internet über http://dnb.d-nb.de abrufbar.

ISBN: 9783640424597
Dieses Buch ist auch als E-Book erhältlich.

© GRIN Publishing GmbH
Nymphenburger Straße 86
80636 München

Druck und Bindung: Books on Demand GmbH, Norderstedt Germany
Gedruckt auf säurefreiem Papier aus verantwortungsvollen Quellen

Das vorliegende Werk wurde sorgfältig erarbeitet. Dennoch übernehmen Autoren und Verlag für die Richtigkeit von Angaben, Hinweisen, Links und Ratschlägen sowie eventuelle Druckfehler keine Haftung.

Das Buch bei GRIN: https://www.grin.com/document/134209

Altes Testament Einleitung

Birgit Grabert

27.11.2007

Inhaltsverzeichnis

<u>11.09. (ca. 4,5 Stunden)</u>

In Genesis 1 wird eher ein Überblick über die Erschaffung der Welt gegeben, in Genesis 2 wird eher die Beziehung zwischen Gott und den Menschen in den Blick genommen.
Die Erschaffung der Welt kann man in folgenden sieben Punkten zusammenfassen:

1. Licht, Tag und Nacht (vgl. Gen 1,3 ff.)
2. Himmel (vgl. Gen 1,6 ff.)
3. Erde (vgl. Gen 1,9 f.)
   Pflanzen (vgl. Gen 1,11 f.)
4. Sonne, Mond, Sterne (vgl. Gen 1,14-18)
5. Wassertiere, Vögel (vgl. Gen 1,20 f.)
6. Landtiere (vgl. Gen 1,24 f.)
   Menschen (vgl. Gen 1,27)
7. Ruhetag (vgl. Gen 2,2 f.)

In sprachlicher Hinsicht lässt sich feststellen, dass bestimmte Teilsätze bzw. bestimmte Sätze immer wiederkehren und zwar nach folgendem Schema:

1. Und Gott sprach: Es... (Gen 1,3.9.11.14.20.24.26)
2. Und es geschah so. (Gen 1,7.9.11.15.24.30)
3. Und Gott sah, dass es gut war. (Gen 1,10.12.18.21.25)
4. Da ward aus Abend und Morgen der ... Tag. (Gen 1,5.8.13.19.23.31)

Vielleicht soll diese Strukturierung der Sprache die Strukturierung der Welt unterstreichen bzw. die Strukturierung der Welt wiederspiegeln? Man könnte beides aufeinander beziehen. Die Sprache ist im Zusammenhang mit der Erschaffung der Welt von sehr großer Bedeutung: So hat Gott unter anderem *durch Sprache* aus dem Chaos eine wohlgeordnete und eine wohlstrukturierte Welt geschaffen: „Und Gott *sprach*: ...". Gottes Wort ist voll Kraft und voll Macht, er kann durch die Sprache das Chaos strukturieren und die Welt schaffen. Gott ist sowohl ein Gott der Kommunikation als auch der Ordnung. Ordnung ist jedoch nicht gleichzusetzen mit Langeweile: Die Artenvielfalt bei Pflanzen und bei Tieren dürfte verdeutlichen, dass Gott sehr kreativ und sehr vielfältig ist.
Ferner ist bei der Betrachtung der Sprache auffällig, dass nach jedem Schöpfungsakt die Worte auftauchen „Und Gott sah, dass es gut war.", aber nicht nach der Erschaffung des Menschen. Stattdessen wird geschrieben: „Und Gott sah an *alles*, was er gemacht hatte, und siehe, es war sehr gut." Hierdurch wird die Schöpfung im Ganzen als sehr gut angesehen (die Schöpfung samt dem Menschen), aber ein explizites positives Urteil über die Erschaffung des Menschen wird nicht gegeben. Vielleicht kann man das Fehlen der Worte „Und Gott sah, dass es gut war." schon im Licht des Sündenfalls deuten? Dann könnte eine Zusammenfassung folgendermaßen aussehen:

> Gott schuf das Licht. Und er sah, dass es gut war.
> Er schuf den Himmel. Und er sah, dass es gut war.
> Er schuf die Erde und die Pflanzen. Und er sah, dass es gut war.
> Er schuf die Sonne, den Mond und die Sterne. Und er sah, dass es gut war.
> Er schuf die Wassertiere und die Vögel. Und er sah, dass es gut war.
> Er schuf die Landtiere. Und er sah, dass es gut war.
> Er schuf die Menschen. Und er sah...? - Und er sah den Sündenfall kommen.

Nicht nur in dieser Hinsicht, sondern auch in anderer Hinsicht lässt sich die Erschaffung des Menschen von allen anderen Schöpfungsakten abgrenzen. So wird jeder Schöpfungsakt mit Worten begonnen wie: Es werde, es sammle, es lasse, es wimmle, die Erde bringe hervor, etc. Im Gegensatz dazu wird die Erschaffung des Menschen mit der Aufforderung begonnen: „Lasset uns Menschen machen..." (Gen 1,26) Die Wortwahl könnte implizieren, dass die Erschaffung des Menschen mit mehr

Anstrengung und mit mehr Tätigkeit verbunden ist als die Erschaffung alles anderen, denn die Worte „es werde, es sammle, es lasse, es wimmle, die Erde bringe hervor, etc." umschreiben einen eher passiven Vorgang, die Worte „Lasset uns Menschen *machen…*" hingegen einen sehr aktiven Vorgang. Hier ist anzumerken, dass der Imperativ Plural „lasset" sowie der Plural „uns" unter Umständen ein Hinweis auf die Trinität ist: Gott Vater, Gott Sohn und Gott Heiliger Geist beteiligen sich gleichermaßen an der Erschaffung des Menschen. Diese Hervorhebung des Menschen kann verdeutlichen, dass dem Schöpfer im Besonderen die Menschen am Herzen liegen. Zudem wird die Erschaffung des Menschen sehr genau beschrieben: „Da machte Gott der Herr den Menschen aus Erde vom Acker und blies ihm den Odem des Lebens in seine Nase. Und so ward der Mensch ein lebendiges Wesen." (Gen 2,7) Der Mensch wurde aus Erde vom Acker geschaffen, aber Gott musste ihm Leben einhauchen. Gott ist folglich ein Gott des Lebens. Dieses Einhauchen des Lebens ist ebenso wie das Formen des Körpers mit sehr viel Nähe verbunden, während das Schaffen durch das Wort eher mit Distanz verbunden ist. Vielleicht soll die Erschaffung des Menschen durch die Handlung statt durch das Wort verdeutlichen, dass Gott ein Gott der Nähe und der Beziehung ist?

Gott hat die Menschen zu seinem Ebenbild geschaffen, wenngleich für mich noch immer unklar ist, was die Worte „ein Bild, das uns gleich sei" (Gen 1,26) bzw. „Gott schuf den Menschen zu seinem Bilde, zum Bilde Gottes schuf er ihn" (Gen 1,27) meinen. Implizieren sie, dass der Mensch ebenso wie Gott ein Beziehungswesen ist? Implizieren sie, dass der Mensch nahezu die gleichen Rechte hat wie Gott, nämlich das Recht, den Tieren einen Namen zu geben etc. (Ausnahme: Baum der Erkenntnis)? Einerseits gibt Gott sowohl den Wassertieren und Vögeln als auch den Menschen seinen Segen und seinen Auftrag, sich fortzupflanzen: „Und Gott segnete sie und sprach: „Seid fruchtbar und mehret euch und erfüllet das Wasser im Meer, und die Vögel sollen sich mehren auf Erden." (Gen 1,22), „Und Gott segnete sie und sprach zu ihnen: „Seid fruchtbar und mehret euch und füllet die Erde und machet sie euch untertan und herrschet über die Fische im Meer und über die Vögel unter dem Himmel und über das Vieh und über alles Getier, das auf Erden kriecht." (Gen 1,28) Andererseits ist auffällig, dass bei den Menschen neben dem Segen und dem Auftrag zur Fortpflanzung ein weiterer wichtiger Zusatz zu finden ist, nämlich die Herrschaft über die Tiere. Diese Herrschaft wird in Gen 2 unter anderem auch dadurch deutlich, dass der Mensch allen Landtieren und allen Vögeln ihren Namen gibt. Zu Beginn der Schöpfung gibt Gott dem Tag und der Nacht, dem Himmel und der Erde den Namen (vgl. Gen 1,5.8.10), aber nach der Erschaffung des Menschen wird dem Menschen die Namensgebung der Tiere überlassen. Gottes Beschluss, die Tiere zum Menschen zu bringen, um sie von ihm benennen zu lassen statt sie selber zu benennen, ist für mich ein Ausdruck seiner Liebe und seines Respekts für den Menschen, ein Zeichen für die ganz innige und ganz tiefe Beziehung zu dem Menschen. Aber auch ein Zeichen dafür, dass der Mensch besondere Rechte, aber auch besondere Verantwortung für die Schöpfung hat. Diese Sonderstellung wird unterstrichen dadurch, dass der Mensch für die Bebauung und Bewahrung des Gartens Eden verantwortlich ist. Diese Verantwortung basiert auf einem Vertrauensverhältnis oder einem Vertrauensvorschuss von Gott zum Menschen. Gott gibt dem Menschen jedoch nicht nur Verantwortung für andere, sondern auch für sich selbst, indem er ihn mit dem Baum der Erkenntnis des Guten und des Bösen konfrontiert: Der Mensch darf nicht vom Baum der Erkenntnis essen und Ungehorsam gegenüber diesem Gebot wird zum Tod führen. Die Tatsache, dass Gott dem Menschen *gebot*, nicht vom Baum zu essen, könnte zeigen, dass Gott und Mensch sich nicht auf *einer* Ebene befinden: Der Schöpfer wird im Normalfall über seinem Geschöpf stehen. Jedoch ist anzumerken, dass Gott dem Menschen die Freiheit gibt, sich für oder gegen sein Gebot zu entscheiden. Gott informiert den Menschen über die Konsequenzen, die sein Verhalten hat, aber die Entscheidung und die Verantwortung für sein Verhalten ist beim Menschen, d.h. sie wird ihm nicht abgenommen. Dennoch ist zu fragen, ob Adam und Eva wussten, was Gut und was Böse ist als sie noch nicht vom Baum der Erkenntnis gegessen hatten. Wussten sie ausreichend bescheid, um sich für den Gehorsam und gegen die Sünde entscheiden zu können?

Der Mensch darf von den Pflanzen und den Bäumen essen, nur nicht vom Baum der Erkenntnis. Hieran wird deutlich, dass Gott der Versorger der Menschen ist, der ihnen Nahrung gibt. Er weiß, was die Menschen brauchen und zwar nicht nur körperlich, sondern auch seelisch: „Es ist nicht gut, dass der Mensch allein sei; ich will ihm eine Gehilfin machen, die um ihn sei." (Gen 2,18) Der Mensch ist auf ein Gegenüber angewiesen, das ihm gleich ist, das auf einer Ebene mit ihm ist: Die Gehilfin wird aus der Rippe des Menschen geschaffen: „Das ist doch Bein von meinem Bein und Fleisch von meinem Fleisch; man wird sie Männin nennen, weil sie vom Manne genommen ist." (Gen 2,23) Abgesehen davon ist der Mensch auf eine Gehilfin angewiesen, um wie auch die Tiere den Auftrag zur Fortpflanzung zu realisieren. Im Zusammenhang mit der Erschaffung der Menschen wird geschrieben, dass die Menschen nackt waren und sich nicht schämten. Das könnte verdeutlichen, dass die Menschen gegenüber Gott offen waren, nichts vor ihm verbargen, nichts vor ihm zudeckten. Die Beziehung war noch in Ordnung, das Vertrauen war noch vorhanden.

Nach der Erschaffung der Welt beschloss Gott, einen Ruhetag einzulegen und den Ruhetag zu heiligen. Hier ist die Frage, wozu der Ruhetag ist. Wollte Gott einen Ruhetag, weil er unter Umständen vom Arbeiten müde war? Dann hätte er sehr menschliche Bedürfnisse, nämlich das Bedürfnis nach Ruhe und Schlaf. Oder wollte Gott die Erschaffung der Welt durch einen Ruhetag würdigen, d.h. zeigen mit wieviel Anstrengung und wieviel Zeit die Erschaffung der Welt verbunden ist? Oder wollte er den Ruhetag für den Menschen etablieren? Dann wäre der Ruhetag wie Jesus formuliert für den Menschen da und nicht der Mensch für den Ruhetag. Ich tendiere momentan eher dazu, den Ruhetag als ein Geschenk für den Menschen zu betrachten.

18.09. (ca. 4,5 Stunden)

Zunächst ist festzustellen, dass Satans Methode die List ist: „die Schlange war listiger als alle Tiere auf dem Felde." So manipuliert Satan durch seine Fragen und seine Bemerkungen nicht nur die Gedanken der Menschen über Gott, sondern auch das Vertrauen zu Gott. Das ist am Gespräch zwischen der Frau und der Schlange sehr deutlich zu sehen:

SCHLANGE: „Ja, sollte Gott gesagt haben: Ihr sollt nicht essen von allen Bäumen im Garten?" (Gen 3,1)

FRAU: „Wir essen von den Früchten der Bäume im Garten; aber von den Früchten des Baumes mitten im Garten hat Gott gesagt: Esset nicht davon, rühret sie auch nicht an, dass ihr nicht sterbet!" (Gen 3,2 f.)

SCHLANGE: „Ihr werdet keineswegs des Todes sterben, sondern Gott weiß: an dem Tage, da ihr davon esst, werden eure Augen aufgetan, und ihr werdet sein wie Gott und wissen, was gut und böse ist." (Gen 3,4 f.)

Im Großen und Ganzen kann man Satans Methode in die folgenden Schritte gliedern:

Satan probiert, das Gebot von Gott in Frage stellen, um den Menschen zu verunsichern. Das wird an der Verbindung aus Konjunktiv („sollte") und rhetorischer Frage deutlich, die helfen, Unsicherheit zu wecken und Zweifel zu streuen.

Satan hat zuerst keinen Erfolg bei dem Menschen, d.h. die Frau lässt sich nicht beirren. Daher muss er auf die Lüge zurückgreifen, um die Frau umzustimmen: „Ihr werdet keineswegs des Todes sterben." (Gen 3,4) Die Lüge wird einerseits sehr vehement vertreten, was an dem Wort „keineswegs" zu sehen ist und andererseits mit einer Verheißung verbunden, die sehr verlockend ist: „Gott weiß: an dem Tage, da ihr davon esst, werden eure Augen aufgetan, und ihr werdet sein wie Gott und wissen, was gut und böse ist." (Gen 3,5) Diese Lüge des Satans impliziert, dass Gott dem Menschen etwas Gutes vorenthalten will, nämlich zu sein wie Gott und zu wissen, was gut bzw. was böse ist. Hierdurch kann Misstrauen gegenüber Gott entstehen und zusammen mit der Verlockung bewirken, dass der Mensch sich vom Satan verführen lässt: „Und die Frau sah, dass von dem Baum gut zu essen wäre und dass er eine Lust für die Augen wäre und verlockend, weil er klug machte. Und sie nahm von der Frucht und aß und gab ihrem Mann, der bei ihr war, auch davon und er aß." (Gen 3,6) Hier wird deutlich, dass die Sünde einerseits aus der sinnlichen Verlockung und andererseits aus der gedanklichen Verlockung resultiert: Satan muss lediglich die Gedanken der Menschen verändern, um die Menschen zur Sünde zu verführen. Es war Jesus daher sehr wichtig, dass wir nicht nur auf unser Handeln, sondern auch auf unser Denken achten, denn die Taten folgen auf die Gedanken. Die Frau kann der Versuchung nicht widerstehen, die Frucht wird genommen und die Frucht wird gegessen. Hieran lässt sich eine Steigerung der Sünde beobachten, nämlich vom „sich der Sünde zuwenden" durch das Nehmen der Frucht zum „sich der Sünde hingeben" durch das Essen der Frucht. Ferner wird die Frucht weitergegeben, d.h. die Ausbreitung der Sünde ist nicht aufzuhalten. Im Zusammenhang mit der Sünde ist zu beobachten, dass die Menschen ihre Schuld nicht zugeben, sondern abstreiten oder auf einen anderen schieben, nämlich die Frau auf die Schlange und der Mann auf die Frau. Dieses Phänomen lässt sich noch immer finden: Es gibt immer wieder Menschen, die ihre Sünde nicht erkennen und zum Beispiel sagen: „Ich kann bei dem Leid in der Welt nicht glauben, dass es Gott gibt " Hierdurch machen sie Gott für ihren Unglauben verantwortlich; sie schieben die Schuld für ihren Unglauben auf Gott statt sich die Mühe zu machen und Gott zu suchen.

Aus dem Sündenfall resultieren mehrere schwerwiegende Konsequenzen für die Menschen: Zuerst bemerken sie, dass sie nackt sind und sie versuchen, ihre Nacktheit vor Gott zu verbergen, indem sie Schurze flechten. Vielleicht lässt sich die Nacktheit nicht nur im Sinne von Nacktheit, sondern auch im Sinne von Bedürftigkeit oder von Verletzlichkeit deuten? Vielleicht lässt sich die Nacktheit aber auch im Sinne von Offenlegung deuten? Dann würden die Menschen die Schurze benutzen, um Gott etwas vorzuspielen, genauso wie Schauspieler die Kleider benutzen, um in eine Rolle zu schlüpfen. Im Zusammenhang damit ist wichtig, dass sich die Menschen vor Gott verstecken, d.h. sie können Gott wegen ihrer Sünde nicht mehr gegenübertreten. Letztendlich werden sie aus dem Paradies und dadurch aus der Gegenwart Gottes verstoßen. Zu diesen Konsequenzen kommen die folgenden weiteren Konsequenzen, die einerseits die Menschen und andererseits die Schlange betreffen: Die Schlange wird verstoßen, sie muss auf dem Bauch kriechen und Erde fressen. Feindschaft soll ferner bestehen zwischen den Schlangen und den Menschen. Die Frau muss unter Mühen Kinder gebären und der Mann muss unter Mühen Äcker bewirtschaften, um sich vom Ertrag zu ernähren. Letztendlich müssen die Menschen auch die Konsequenz tragen, über die sie informiert waren, nämlich den Tod.

Die Steigerung bzw. die Verbreitung der Sünde lassen sich nicht aufhalten. Nachdem die Menschen vom Baum der Erkenntnis gegessen und das Paradies verlassen hatten, verfielen sie immer wieder der Sünde, wobei die bösen Taten häufig aus den bösen Gedanken und den bösen Gefühlen resultieren, zum Beispiel in Gen 4. Hier wird der Brudermord von Kain an Abel beschrieben, wobei in dieser Geschichte nicht nur eine, sondern mehrere Facetten von Sünde zur Sprache kommen: In Vers 5 wird deutlich, dass Kain neidisch und zornig ist auf seinen Bruder Abel, dessen Opfer Gott gefallen hat. Trotz Ermahnung und Warnung durch Gott, lässt sich Kain hinreißen, seinen Bruder zu töten (vgl. Gen 4,8). Im Anschluss hat er keine Skrupel, Gott zu belügen, der wissen will, wo Abel ist (vgl. Gen 4,9).

Die Nachkommen von Kain sündigen, indem sie zwei Frauen statt einer Frau haben, d.h. indem sie Polygamie betreiben (Gen 4,19), aber auch indem sie töten wie Kain: „Einen Mann erschlug ich für meine Wunde und einen Jüngling für meine Beule." (Gen 4,23)

Im Gegensatz zu Gen 4 wird die Sünde in Gen 6 nicht spezifiziert. Hier wird lediglich beschrieben, dass „der Menschen Bosheit groß war auf Erden und alles Dichten und Trachten ihres Herzens nur böse war immerdar" (Gen 6,5). In Vers 11 lässt sich die Beschreibung finden: „Aber die Erde war verderbt vor Gottes Augen und voller Frevel. Da sah Gott auf die Erde, und siehe, sie war verderbt; denn alles Fleisch hatte seinen Weg verderbt auf Erden." Diese Beschreibungen in Vers 5 und Vers 11 können verdeutlichen, dass die Menschen voll und ganz von der Sünde durchdrungen sind, nicht nur in einem Bereich, sondern in allen Bereichen von Körper, Seele und Geist. Hier ist anzumerken, dass die Bosheit von Jugend auf existiert (vgl. Gen 8,21).

Nach dieser sehr allgemeinen Beschreibung der Sünde, kann man in Gen 9 einen ganz konkreten Fall finden: Noah ist im Zelt, um seinen Rausch auszuschlafen, ohne zu merken, dass seine Blöße sichtbar ist. Sein Sohn Ham registriert die Blöße seines Vaters und er informiert seine Brüder, statt seinen Vater zu bedecken. Ham hat es unterlassen, die Blöße seines Vaters zu bedecken, d.h. seinen Vater zu ehren und zu schützen. Abgesehen davon kann man die Information der Brüder unter Umständen als Lästerei interpretieren. Im Gegensatz dazu ist fraglich, ob die Trunkenheit von Noah als Sünde anzusehen ist: Noah war der erste Weinbauer, d.h. er hatte wahrscheinlich keine Ahnung von der Wirkung des Weines.

In Gen 11 erfahren wir schließlich von dem Größenwahn der Menschen: Sie wollen eine Stadt und einen Turm bauen und die Spitze des Turms soll bis an den Himmel reichen. Vielleicht soll das bedeuten, dass die Menschen nicht nur bis an den Himmel, sondern auch bis an Gott heranreichen wollen? Die Menschen wollen ihm vielleicht seine Position streitig machen.

Im Zusammenhang mit der Verbreitung der Sünde ist sehr interessant, dass immer wieder Geschlechtsregister auftreten: In Gen 4 das Geschlechtsregister Kains, in Gen 5 das Geschlechtsregister Adams, in Gen 10 das Geschlechtsregister Noahs und in Gen 11 das Geschlechtsregister Sems. Vielleicht sollen diese Geschlechtsregister nicht nur die Fortpflanzung der Menschen, sondern auch ein Sinnbild für die Fortpflanzung der Sünde darstellen? Die Menschen zeugen immer wieder Nachkommen und sie erzeugen immer wieder Sünde. Abgesehen von diesen Geschlechtsregistern ist vor allem auffällig, dass die Erzählungen immer wieder auf dem Prinzip Sünde – Gericht – Gnade basieren. Ich will im Folgenden auf dieses Erzählmuster eingehen.

In Gen 3-11 erfahren wir sehr viel über das Wesen Gottes, vor allem auch über seine Gnade. Es ist immer wieder sehr berührend, dass Gott nach dem Sündenfall noch immer an den Menschen interessiert ist. Trotz dieser Enttäuschung hat er den Wunsch, dem Sünder nachzugehen und den Sünder zu suchen: „Und Gott der Herr rief Adam und sprach zu ihm: Wo bist du?" (Gen 3,9) Diese Suche kann man nicht nur im Alten Testament, sondern auch im Neuen Testament bis heute entdecken. Wir haben folglich einen liebenden Gott, aber auch einen gerechten Gott. So wird die Sünde nicht übergangen, d.h. jeder wird zur Verantwortung gezogen, sowohl die Schlange als auch die Frau und der Mann, wobei wichtig ist, dass Gott die Menschen über die Konsequenz informiert hatte. Die Menschen werden nicht im Unklaren gelassen, sondern sie wissen, woran sie sind. Folglich ist Gott in seinem Handeln konsequent, aber nicht willkürlich und es ist gut, seinem Wort zu glauben. Nach dem Sündenfall erfahren die Menschen noch immer seine Liebe, aber auch seine Fürsorge und seine Nähe, denn Gott lässt es sich nicht nehmen, Röcke von Fellen zu machen und den Menschen anzuziehen. Ferner kommuniziert Gott immer noch mit den Menschen, um ihn vor Sünde zu warnen (vgl. Gen 4), um ihn zu retten (vgl. Gen 6), etc. Trotz Warnung lässt sich Kain zum Brudermord hinreißen, mit der Konsequenz, ein unstetes und ein flüchtiges Leben auf Erden zu führen. Jedoch reagiert Gott auf den Brudermord nicht nur mit Strafe, sondern auch mit Gnade, denn Kain wird mit einem Zeichen versehen, um ihn vor Totschlag zu bewahren. Ferner gibt Gott die Zusage, Kain im Falle eines Totschlags siebenfältig zu rächen. Im Zusammenhang mit dem Brudermord und mit der Sintflut wird deutlich, dass Gott allwissend ist, d.h. er kann in die Herzen der Menschen sehen und er weiß sowohl um ihre bösen Gedanken als auch um ihre bösen Taten (vgl. Gen 6,5). Der Kummer und die Wut über die Bosheit der Menschen veranlassen Gott, durch eine Sintflut alle Menschen zu vernichten - alle Menschen außer Noah und seiner Familie. Diese Erfahrungen von Kummer und Wut berühren mich sehr stark, denn sie zeigen, dass Gott kein gefühlsarmer, sondern ein gefühlvoller Gott ist, der durch sein Miterleben und sein Mitleiden den Menschen nah ist. Wichtig ist, dass der Zorn Gottes ein Ende hat, aber nicht sein Erbarmen und seine Gnade: „Ich will hinfort nicht mehr die Erde verfluchen um der Menschen willen; denn das Dichten und Trachten des menschlichen Herzens ist böse von Jugend auf. Und ich will hinfort nicht mehr schlagen alles, was da lebt, wie ich getan habe. Solange die Erde steht, soll nicht aufhören Saat und Ernte, Frost und Hitze, Sommer und Winter, Tag und Nacht." (Gen 8,21 f.) Gott ist treu und er ist immer wieder willig, dem Menschen zu vergeben und einen Neuanfang mit ihm zu wagen, trotz aller Frustrationen. Diese Neuanfänge ziehen sich sowohl durch das ganze Alte Testament als auch durch das ganze Neue Testament, der Bund mit Noah ist ein Beispiel unter vielen.

<u>09.10. (ca. 4,5 Stunden)</u>

Ich würde Abram sehr gern ein paar Fragen stellen. Vielleicht würde sich ungefähr dieses Gespräch ergeben:

ICH: Sag mal, Abram, wie war das mit Deiner Berufung?

ABRAM: Nun ja, ich war zu der Zeit 75 Jahre alt. Meine Frau, Sarai, und ich, wir wohnten glücklich und zufrieden in Haran. Da sprach Gott zu mir: „Geh aus deinem Vaterland und von deiner Verwandtschaft und aus deines Vaters Hause in ein Land, das ich dir zeigen will. Und ich will dich zum großen Volk machen und will dich segnen und dir einen großen Namen machen, und du sollst ein Segen sein. Ich will segnen, die dich segnen, und verfluchen, die dich verfluchen; und in dir sollen gesegnet werden alle Geschlechter auf Erden." Wow, welche Verheißungen: Gott will *mich* zu einem großen Volk machen, er will *mir* einen großen Namen machen, er will mich segnen und mich Segen sein lassen. Das hat mich umgehauen. Das war für mich unvorstellbar. Ich war eine Weile nicht ansprechbar.

ICH: Oh, Abram. Du bist zu beneiden. Ich würde zu gern von Gott erfahren, was er mit meinem Leben tun will. Warst Du nicht überglücklich?

ABRAM: Nun, Du darfst nicht vergessen, dass Berufungen nicht nur mit großem Segen, sondern auch mit großen Kosten verbunden sind. Ich habe in dieser Zeit sehr gelitten. Meine Gedanken und meine Gefühle gingen durcheinander: Angst vor der Zukunft, Freude über die Verheißung, Sorgen wegen meiner Familie, usw. Es war ein Kampf zwischen Hoffnung und Unsicherheit, Freude und Trauer, vor allem aber zwischen Glauben und Zweifel. Wie würden meine Frau und meine Familie reagieren? Würden sie mir glauben? Würden sie mich unterstützen? Manchmal kann Gehorsam gegenüber Gott sehr schwer sein. Ich sollte mein Vaterland, meine Verwandtschaft, meine Eltern und meine Geschwister verlassen, um in ein Land zu ziehen, das Gott mir zeigen wollte. Ich sollte alle Sicherheiten aufgeben, damit die Verheißungen sich erfüllen: Persönliche Sicherheiten im Sinne von Beziehungen, aber auch materielle Sicherheiten im Sinne von Besitz. Ich hatte keine Garantie für das Gelingen.

ICH: Da hast Du recht. Diese Seite der Berufung wird immer wieder vergessen. Ich wäre sehr unsicher und ich würde mich fragen, ob Gott *wirklich* zu mir gesprochen hat. Warst Du Dir sicher?

ABRAM: Ja, im Großen und Ganzen war ich mir sicher, aber es war trotzdem mit einem Opfer verbunden, zu gehorchen. Ich glaube man kann eine Weile den Willen Gottes ignorieren, aber man wird häufig keine Ruhe haben, keinen Frieden finden, bis man bereit ist, den Willen Gottes zu tun. Ich wusste in meinem Innern, dass Gott zu mir gesprochen hatte und ich konnte nicht anders als seinem Willen zu gehorchen. Es war wie ein innerer Drang, wie ein inneres Feuer. Natürlich waren viele Auseinandersetzungen und viele Gespräche mit meinen Verwandten notwendig. Sie dachten zum Teil, ich wäre wahnsinnig, alle Sicherheiten aufzugeben. Sie konnten nicht nachvollziehen, dass weder Menschen noch Besitztümer meine Sicherheit sind, sondern einzig und allein Gott. Aber ich bin aufgebrochen im Vertrauen auf Gott, im Vertrauen auf sein Versprechen und auf sein Wort. Ich wusste, ich kann mich auf Gott verlassen. Gott wird uns immer wieder herausfordern, uns die Frage stellen: „Hast Du mich lieb und vertraust Du mir?" Deine Antwort auf diese Frage wird Dein Leben verändern, das wirst Du merken.

Ausgehend von diesem Gespräch will ich zwei Punkte hervorheben: Erstens muss man realisieren, dass Berufung immer wieder mit Kosten verbunden ist. Man muss etwas aufgeben, um zu Neuem aufbrechen. Im Falle von Abram könnte das neue unbekannte Land ein Sinnbild für dieses Neue darstellen. Zweitens muss man differenzieren zwischen einer Berufung, die einem einzelnen Menschen gilt und einer Berufung, die einem ganzen Volk gilt. So will Gott einerseits Abram segnen und andererseits in Abram alle Geschlechter auf Erden segnen. „In dir sollen gesegnet werden alle Geschlechter auf Erden" - diese Andeutung bzw. Verheißung soll zeigen, dass Gott ein Ziel im Blick hat, das nicht nur Abrams Leben tangiert: Man kann diese Verheißung im Hinblick auf den Messias deuten, denn der Messias wird aus Abrams Nachkommen stammen und sowohl die Juden als auch die Heiden retten. Im Zusammenhang damit ist die Differenzierung zwischen einer speziellen und einer allgemeinen Berufung wichtig: Einerseits ist jeder Christ zu einem bestimmten persönlichen Dienst berufen, andererseits sind alle Christen zum Glauben an Jesus Christus berufen.
In Kapitel 12 ist der Gehorsam von Abram beeindruckend, der auszog, wie Gott geboten hatte. Dieser Glaubensschritt von Abram kann zeigen, wie groß Abrams Glauben und Abrams Vertrauen zu Gott ist, denn dieser Glaubensschritt ist unter anderem mit Abhängigkeit verbunden. Abram akzeptiert nicht nur die Abhängigkeit von Gott, sondern er ist willig, sich der Abhängigkeit von Gott noch mehr auszuliefern, d.h. seine Sicherheiten (z.B. seine Beziehungen, seinen Besitz) aufzugeben. Diese Abhängigkeit von Gott ist für mich immer wieder sehr schwer, vor allem im finanziellen Bereich: Ich würde meinen Lebensunterhalt lieber selber verdienen, statt auf die Spenden von Gott durch Eltern, durch Freunde, etc. angewiesen zu sein. Diese Abhängigkeit ist mit meinem Sicherheitsbedürfnis und mit

meinem Stolz nicht vereinbar, wenngleich ich rein kognitiv weiß, dass Gott immer mein Versorger ist, egal ob durch Eigenverdienst oder durch Spenden. Ich tendiere dazu, mich zu sorgen, aber ich will lernen, auch diesen Bereich an Gott abzugeben.

In Abrams Leben spielen Altäre immer wieder eine Rolle: „er baute dort dem Herrn einen Altar und rief den Namen des HERRN an." Ich weiß nicht, welche Funktion die Altäre für Abram hatten, sie können ein Ort der Anbetung gewesen sein, aber auch ein Ort der Hingabe. Vielleicht dienten sie auch dem Innehalten auf der Reise, denn die Reise wird unterbrochen, um den Altar zu bauen. Dadurch kann sich Abram immer wieder auf den Herrn ausrichten, zu ihm beten, ihm danken, ihn loben, zum Beispiel nach der Verheißung des Landes in Vers Vielleicht fungieren die Altäre aber nicht nur als Zeichen der Hingabe, sondern auch als Zeichen der Erinnerung daran, was Gott getan hat. Die Taten geraten nicht in Vergessenheit, sie erinnern den Erbauer und seine Nachkommen immer wieder an Gottes Freundlichkeit und Gottes Güte, wenn sie dieses Land durchziehen. Auch Fremden kann der Altar ein Hinweis auf Gott sein, wenngleich sie nicht wissen, welche Erinnerungen mit dem Altar verbunden sind. Hier kann ich wiederum sehr viel von Abram lernen: Es ist wichtig, für große und für kleine Dinge zu danken, aber auch die Erfahrungen mit Gott nicht zu vergessen. Es würde sich lohnen, die Erfahrungen sowohl in einem Büchlein festzuhalten als auch den Mitmenschen von Gottes Taten zu erzählen.

Angesichts von Abrams Glauben ist das Verhalten von Abram in Ägypten schwer nachvollziehbar. Er animiert Sarai dazu, sich als seine Schwester und nicht als seine Frau auszugeben, denn er hat die Befürchtung, die Ägypter könnten ihn umbringen um Sarais Schönheit willen. Abram will die Sache selber regeln, statt Gott in dieser Situation zu vertrauen: Sarai wird dem Pharao, Abram werden im Gegenzug Schafe, Rinder, Esel, Knechte, Mägde, Eselinnen und Kamele gegeben. Nachdem Plagen über das Haus des Pharao kommen, wird der Schwindel offenbar und Sarai kann wieder zu Abram zurückkehren. Am Eingreifen Gottes erkennen wir, dass Gott treu ist, wenn wir untreu sind, denn Gott hat Abram Nachkommen verheißen und er will diese Verheißung mit Abram und Sara erfüllen. Ich finde diese Erzählung sehr ermutigend für mein Leben, denn nicht nur Abram, sondern auch wir werden immer wieder scheitern. In diesen Situationen erfahren wir, dass Gott gnädig ist. Er wird uns überführen, d.h. Unrecht aufdecken mit dem Ziel, die Sünde zwischen ihm und uns zu beseitigen. Sein Eingreifen kann die Beziehung zwischen ihm und uns wiederherstellen, uns zu ihm zurückbringen und in die richtige Bahn bzw. auf den richtigen Weg bringen.

Anscheinend konnte die Erfahrung in Ägypten den Glauben Abrams stärken, denn sowohl in Gen 13 als auch in Gen 14 hat er nicht mehr sich selber im Blick, sondern den andern bzw. Gott: So kann er im Vertrauen auf Gott seinen Neffen Lot entscheiden lassen, ob dieser zur Rechten oder zur Linken ziehen will und dadurch dem Streit zwischen seinen Hirten und dessen Hirten ein Ende machen. Ferner kann er im Vertrauen auf Gott in den Kampf gegen Kedor-Laomer ziehen, um Lot zu befreien – und das, obwohl er mit 318 Knechten in der Unterzahl war. Wir erfahren leider nicht, ob die Entscheidung zum Kämpfen in Absprache mit Gott getroffen war oder ob Abram im Vertrauen auf die Segensverheißungen in Kapitel 13,14-18 in den Kampf gezogen ist. Wir wissen nur, dass Gott mit ihm war, denn Abram kann nicht nur Kedor-Laomer besiegen, sondern auch die Gefangenen und die Beute zurückbringen. Interessant sind die Begegnung mit Melchisedek und die Begegnung mit dem König von Sodom: Abram und Melchisedek haben den gleichen Gott, denn sie sprechen beide vom „höchsten Gott, der Himmel und Erde geschaffen hat." (Gen 14,19 und Gen 14,22) Nachdem Abram die Segensverheißungen von Gott erhalten hat, wird Abram von Melchisedek der Segen Gottes zugesprochen. Die Segensverheißung wird folglich immer wieder aufgegriffen, vor allem durch Gott, aber auch durch den Zuspruch von Melchisedek. Auffällig ist, dass der Segen hier nicht nur eine zukünftige Dimension im Sinne von „Gesegnet seist du", sondern auch eine gegenwärtige Dimension im Sinne von „Gesegnet bist du" hat. Während der Zuspruch von Melchisedek eher einen zukünftigen Segen impliziert, impliziert der Sieg über die Feinde meines Erachtens durchaus einen gegenwärtigen Segen. Wir erfahren, dass Abram den Zehnten von der Beute an Melchisedek gibt, wobei an dieser Stelle zum allerersten Mal die Erwähnung des Zehnten zu finden ist. In der Begegnung mit dem König von Sodom wird deutlich, dass es Abram nicht um seine Ehre, sondern um Gottes Ehre und nicht um sich selbst, sondern um den andern geht. Er will keine Güter annehmen, um nicht dem König von Sodom seinen Reichtum zu verdanken, d.h. Abram will sein Vertrauen auf Gott setzen und von Gott statt von Menschen oder von Gütern abhängig sein. Zugleich hat er die Männer Aner, Eschkol und Mamre im Blick, die mit ihm gezogen sind. Wenngleich Abram keine Güter haben will, so sollen diese Männer ihr Teil erhalten und nicht völlig leer ausgehen. Abram ist in dieser Geschichte sowohl ein Vorbild hinsichtlich der Liebe zu Gott als auch hinsichtlich der Liebe zu den Menschen: Er kann sich zurück-nehmen und Gott ins Zentrum stellen Wir können von Abram lernen, dass wir immer wieder den Blick auf Gott und auf den andern richten, statt um uns selber zu kreisen. Die Frage ist: Wie können wir Gott die Ehre geben? Es kann bedeuten, Gott noch mehr zu vertrauen und die Sicherheit nicht in Gütern, sondern in Gott zu suchen. Es kann aber auch bedeuten, zu verzichten, um ein Zeugnis zu sein für Menschen, die Gott nicht kennen.

In Gen 15 lesen wir von Gottes Bund mit Abram. Laut Rienecker-Lexikon lässt sich der Ausdruck berit (hebr.) vom Arabischen ableiten und mit (Zer-)Schneidung in Zusammenhang bringen, jedenfalls in Gen 15.[1] So wurden die Opfertiere halbiert und die Hälften einander gegenüber platziert, dass eine Gasse entstand. Die Bündnispartner durchschritten diese Gasse, um auszudrücken: Mir soll passieren wie den Tieren, wenn ich den Bund breche.[2]

Im Großen und Ganzen wird ein Bund durch die folgenden sieben Elemente charakterisiert, wenngleich Abweichungen möglich sind:

1. Der Vorschlag eines Bundesschlusses resultiert aus einem Gefühl der Rechtsunsicherheit.
2. Es wird ein Bundesdokument in Form eines Steinmales, eines Steinhaufens o.ä. platziert.
3. Die gegenseitigen Rechte bzw. die gegenseitigen Pflichten werden abgesprochen.
4. Gott wird zum Zeugen angerufen.
5. Es wird ein Eid geschworen, was immer wieder eine Selbstverfluchung bei Missachtung impliziert.
6. Es wird ein Opferakt vollzogen wie zum Beispiel in Gen 15
7. Es wird ein Mahl eingenommen.[3]

Man kann einem Bund als Rechtsverhältnis und einem Bund als Gottesbund unterscheiden. Im ersten Fall wird der Bund zwischen Privatpersonen, Sippen, Stämmen und Völkern geschlossen. Im zweiten Fall wird der Bund zwischen Gott und einem Menschen bzw. zwischen Gott und seinem Volk geschlossen wie im Fall von Abram. Dieser Bund ist umfassender als ein Rechtsverhältnis: Er ist ein Gnadenbund,[4] denn Gott ist immer wieder treu, wenn der Mensch untreu ist.

In der Bibel finden sich sehr viele Bundesschlüsse zwischen Gott und den Menschen, zum Beispiel der Bund mit Noah, mit Abram, mit Israel am Sinai, etc. Im Neuen Testament[5] wird durch Jesus ein neuer Bund zwischen Gott und den Menschen geschlossen, wobei der neue Bund auf dem alten Bund basiert.

Nicht nur hinsichtlich des Bundesschlusses lassen sich Parallelen zwischen dem Alten Testament und dem Neuen Testament feststellen, sondern auch hinsichtlich der Rechtfertigung: Nachdem Abram die Hoffnung auf Nachkommen aufgegeben hat, werden ihm von Gott Nachkommen verheißen, wobei die Nachkommen so zahlreich sein sollen wie die Sterne am Himmel. Alle Umstände scheinen dieser Verheißung entgegenzustehen, vor allem das Alter von Abram und von Sarai, aber „Abram glaubte dem HERRN, und das rechnete er ihm zur Gerechtigkeit." (Gen 15,6) Abram wird folglich durch seinen Glauben bzw. durch sein Vertrauen gerecht. Heute ist die Situation identisch, d.h. wir werden auch durch Glauben gerecht, nämlich durch Glauben an den Herrn Jesus Christus. Werke können weder Abram noch uns rechtfertigen, d.h. wir können nichts beitragen, wir haben nichts vorzuweisen.

23.10. (ca. 3,5 Stunden)

---

[1] Vgl. F. Rienecker, G. Maier (Hg), Bund, Bündnis, in: Lexikon zur Bibel, 1998, 296-301. 297.
[2] Vgl. ebd., 297.
[3] Vgl. ebd., 296.
[4] Vgl. ebd., 298.
[5] Testament=Bund

Engel Gabriela ist auf dem Weg zur Himmelsbücherei, da hört sie ihre Freundin, Engel Michaela, immer wieder sagen: „Nein, tu's nicht, bitte tu's nicht." Engel Gabriela muss nachsehen, was das zu bedeuten hat…

ENGEL M.: Bitte, bitte, tu's nicht…

ENGEL G.: Nanu, was machst du denn? Schaust du im Himmelsfernsehen, was auf der Erde passiert?

ENGEL M.: Pssst. Es ist im Moment sehr aufregend. Ich darf nichts verpassen…

ENGEL G.: Lass doch das Himmelsfernsehen. Komm, geh mit mir zur Himmelsbücherei.

ENGEL M.: Oh, wenn du wüsstest… *(Seufz)* Oh nein, tu's nicht, tu's nicht…

ENGEL G.: Könntest du mir erklären, warum du „tu's nicht, tu's nicht" sagst? Ich will nur zur Himmelsbücherei.

ENGEL M.: Ich mein doch nicht dich. Also, hör zu, Gott hat doch von Abram und Sarai erzählt. Das sind die, denen Nachkommen verheißen sind, zahlreich wie die Sterne. Du weißt schon, die ganz alten Menschen, die einen Sohn bekommen sollen mit dem Namen Isaak.

ENGEL G.: Ja, klar weiß ich von den beiden. Aber die müssen noch 15 Jahre warten. Hast du das vergessen? Gott hat gesagt, sie sollen Isaak in 15 Jahren bekommen, aber noch nicht in diesem Jahr. Abram wird der Stammvater vom Volk Israel sein und aus dem Volk Israel wird der Messias kommen.

ENGEL M.: *(Engel M. blickt sehr konzentriert auf den Himmelsfernseher.)* Oh nein, bitte nicht…

ENGEL G.: Oh nein, bitte nicht… Kannst du mir erklären, was das soll?

ENGEL M.: Pass auf, die Sarai will nicht mehr warten. Sie wird ungeduldig. Sie hat den Glauben an ein Kind aufgegeben. Kein Vertrauen zu Gott sag ich. Und nun will sie dem Abram vorschlagen, ihre Magd zu nehmen, denn Abram wird auch immer älter und…

ENGEL G.: Oh nein! Das ist ja furchtbar. Das kann sie, das darf sie nicht machen.

ENGEL M.: Schau, sie geht zu Abram.

BEIDE: Neiiin, tu's nicht!!! *(Pause)*

ENGEL G.: Was hat sie gesagt?

ENGEL M.: Sie hat gesagt: „Siehe, der HERR hat mich verschlossen, daß ich nicht gebären kann. Geh doch zu meiner Magd, ob ich vielleicht durch sie zu einem Sohn komme." (Gen 16,2)

ENGEL G.: Abram ist ein Glaubensheld. Er wird nicht auf den Vorschlag eingehen.

ENGEL M.: Sicher?

ENGEL G.: Nun ja. *(zögernd)* Ich hoffe nicht.

Kurze Zeit nach diesem Ereignis kleben beide Engel vor dem Himmelsfernseher, um die Fortsetzung nicht zu verpassen.

ENGEL M.: Ich fass es nicht. Abram kann doch nicht…

ENGEL G.: Das ist unglaublich. Wie kann er auf Sarai hören? Warum tut er das? Gott wird sehr traurig sein. Hey, er hat ihm die Verheißung gegeben und nun?

ENGEL M.: Vielleicht hat Abram die Verheißung vergessen?

ENGEL G.: Das ist nicht dein Ernst, oder? Nee, ich glaub er hat die Verheißung nicht vergessen, ich glaub er hat Zweifel bekommen an der Verheißung. Schließlich wird sein Körper jeden Tag älter. Er ist 85 Jahre alt.

ENGEL M.: Aber Gott ist nichts unmöglich!

ENGEL G.: Ja, das wissen wir beide, aber Abram und Sarai?

ENGEL M.: Auch die sollten das wissen.

ENGEL G.: Da hast du recht. Hm, wahrscheinlich haben sie ihr Vertrauen in Gott verloren. Sie wollen selber den Zeitpunkt bestimmen, statt Gott bestimmen zu lassen. Sie wollen die Sache mit den Nachkommen selber lösen, statt Gott die Sache lösen zu lassen.

ENGEL M.: Oh, sie vermasseln mit ihrer Ungeduld und mit ihrem Unglauben alles. Nach all diesen Verheißungen und all diesen Erfahrungen. Gott wird enttäuscht sein.

ENGEL G.: Hm, ich weiß nicht. Ich glaub, er hat es kommen sehen. Komm, lass ihn uns fragen.

Die beiden Engel entfernen sich. Nach einigen Stunden sind die Engel ein wenig wissender.

ENGEL M.: Oh, er hat es kommen sehen und er hat nichts unternommen. Ich kann es nicht glauben.

ENGEL G.: Ja, so ist er. Und er weiß um die Fortsetzung. Armer Abram und arme Sarai…

ENGEL M.: Oh, wenn die wüssten… Warum sind sich Abram und Sarai der Konsequenzen nicht bewusst?

ENGEL G.: Du Schlaumeier. Wir hätten von den Konsequenzen auch keine Ahnung, wenn wir nicht Gott gefragt hätten. Aber du hast recht. Es ist schon der Hammer. Was hat Gott gesagt? Abram und die Magd werden einen Sohn haben, der wird Ismael heißen und Ismael „wird ein wilder Mensch sein; seine Hand wider jedermann und jedermanns Hand wider ihn, und er wird wohnen all seinen Brüdern zum Trotz." (Gen 16,12)

ENGEL M.: Ja, aber das war noch nicht alles. Es wird immer wieder Kampf sein zwischen den Nachkommen Isaaks und den Nachkommen Ismaels, d.h. zwischen den Juden und den Arabern. Außerdem werden Muslime den Ismael als ihren Stammvater betrachten.

ENGEL G.: Genau, Muslime. Das sind Menschen, die an Allah glauben.

ENGEL M.: Sag ich doch. Ehrlich gesagt, ich bin frustriert wegen dem Verlauf dieser Geschichte, wegen dieser Muslime.

ENGEL G.: Na komm, lass uns etwas unternehmen. Dann kommst du auf andere schöne Gedanken.

Die beiden Engel entfernen sich.

In Gen 17 wird ein Bund zwischen Gott und Abram geschlossen, der mit gegenseitigen Rechten und mit gegenseitigen Pflichten verbunden ist. Man kann in Gen 17 alle Merkmale finden, die für einen Gottesbund charakteristisch sind: Erstens wird in Vers 2 deutlich, dass nicht Abram, sondern Gott den Bundesschluss initiiert, d.h. Gott will seinen Bund schließen zwischen sich und Abram.[6] Zweitens wird in Vers 4 ersichtlich, dass der Bundesschluss bislang einseitig war, dass Gott seinen Bund mit Abram hatte, ohne Pflichten auf Seiten von Abram. Dieser einseitige Bund von Kapitel 15 wird in Kapitel 17 zu einem beidseitigen bzw. zu einem gegenseitigen Bund.[7] Drittens wird in Vers 7 klar, dass der Bund nicht nur ein Bund zwischen Gott und Abram, sondern auch ein Bund zwischen Gott und Abrams Nachkommen ist – gemäß der Formel: Gott will Israels Gott sein und Israel soll Gottes Volk sein.[8]

Abram werden sehr viele Segnungen zugesprochen. Anzumerken ist, dass die Verheißungen auf der Verheißung von Gen 12, Gen 13 und Gen 15 basieren und diese konkretisieren: So werden die Verheißung mit zwei Namensänderungen verbunden. Abram soll nicht mehr Abram, sondern Abraham heißen, denn er wird ein Vater von vielen Völkern sein. Auch Sarai soll nicht mehr Sarai, sondern Sara heißen, denn Gott wird Sara segnen und Sara in einem Jahr einen Sohn schenken, der soll Isaak heißen. Es werden Völker und Könige von Abraham und von Sara abstammen.

Auffällig ist, dass die Verheißungen sowohl Abraham als auch Abrahams Nachkommen betreffen, d.h. Gott will einen ewigen Bund mit Abraham und mit dessen Nachkommen schließen: Erstens will Gott ihm <u>und</u> seinen Nachkommen das Land Kanaan für immer und ewig zum Besitz geben. Zweitens will Gott sein <u>und</u> seiner Nachkommen Gott sein. Jedoch beinhalten diese Verheißungen nicht nur Rechte, sondern auch Pflichten auf Seiten von Abraham und Abrahams Nachkommen, denn es ist ein beidseitiger statt ein einseitiger Bund. Abraham und seine Nachkommen sollen die Vorhaut alles Männlichen beschneiden: Zum einen sollen sie jeden Jungen beschneiden, wenn dieser Junge acht Tage alt ist. Zum andern sollen sie alle Knechte des Hauses beschneiden, d.h. Knechte, die im Haus geboren sind sowie Knechte, die von Fremden erworben sind und folglich nicht zum Geschlecht Abrahams gehören. Die Missachtung der Beschneidung ist einem Bundesbruch gleichzusetzen und wenn ein Männlicher nicht beschnitten wird, wird Gott diesen Menschen aus seinem Volk ausrotten.

In Gen 18 lesen wir von Abrahams Fürbitte für Sodom, das Gott wegen seiner Sünden vernichten will. Zunächst ist sehr wichtig, dass Abraham nicht nur vor dem Herrn stehen blieb, sondern auch zu ihm trat. Folglich wird die Initiative zum Gespräch von Abraham statt von Gott ergriffen. Dann appelliert Abraham an Gottes Gerechtigkeit, um die Vernichtung von Sodom zu verhindern: „Das sei ferne von dir, dass du das tust und tötest den Gerechten mit dem Gottlosen, sodass der Gerechte wäre gleich wie

---

[6] Vgl. F. Rienecker, G. Maier (Hg.), Bund, Bündnis, in: Lexikon zur Bibel, 1998, 296-301. 299.

[7] Vgl. ebd., 299.

[8] Vgl. ebd., 299.

der Gottlose! Das sei ferne von dir! Sollte der Richter aller Welt nicht gerecht richten?" (Gen 18,25) Vielleicht könnte man diese Frage auch im Sinne einer rhetorischen Frage verstehen, denn ich glaube nicht, dass Abraham durch diese Frage einen Zweifel an Gottes Gerechtigkeit ausdrücken will. Er hat Gott als einen gnädigen und einen vergebenden Gott erfahren, weshalb er großes Vertrauen in seine Gnade und in seine Gerechtigkeit hat. Abraham konfrontiert daher Gott mit der Möglichkeit, dass 50 Gerechte in Sodom seien, die es zu verschonen gilt. Gott reagiert mit Verständnis und mit der Zusage, der Stadt zu vergeben und die Stadt zu verschonen, wenn sich 50 Gerechte finden lassen. Diese Zusage von Gott kann einerseits Abraham bestätigen, d.h. sein Vertrauen in Gottes Gnade und in Gottes Gerechtigkeit. Sie kann andererseits Abraham ermutigen, mit Gott zu verhandeln, d.h. Gott von 50 Gerechten, über 45 Gerechte, 30 Gerechte, 20 Gerechte auf 10 Gerechten herunterzuhandeln. In diesem Verhandeln wird Abrahams Vertrauen zu Gott deutlich, aber auch Abrahams Liebe zu seinen Mitmenschen. Abrahams Einsatz ist ohne diese Vertrauensbasis zu Gott nicht denkbar: Er ist sich bewusst, dass sein Bitten eine „Anmaßung" ist „Ach siehe, ich habe mich unterwunden, zu reden mit dem Herrn, wiewohl ich Erde und Asche bin." (Gen 18,27) Er ist sich aber auch bewusst, dass er die Geduld des Herrn strapaziert: „Zürne nicht, Herr, daß ich noch mehr rede." (Gen 18,30)

Die Beharrlichkeit von Abraham ist erfolgreich, wie in Gen 19,29 zu sehen ist: „Und es geschah, als Gott die Städte in der Gegend vernichtete, gedachte er an Abraham und geleitete Lot aus den Städten, die er zerstörte, in denen Lot gewohnt hatte." Gott kann Sodom nicht retten, weil sich nicht einmal 10 Gerechte finden lassen, aber er reagiert auf Abrahams Fürbitte, dadurch dass Lot und Lots Töchter der Vernichtung entrinnen.

Die Erfahrung von Abraham kann uns sehr ermutigen: Wir dürfen die Initiative ergreifen und Gott um die Dinge bitten, die wir auf dem Herzen haben. Wir dürfen ihn bitten, aber auch immer wieder bestürmen, denn Gott lässt sich durch Beharrlichkeit erweichen. Diese Beharrlichkeit beim Bitten finden wir nicht nur bei Abraham, sondern auch im Neuen Testament beim Gleichnis von der bittenden Witwe (Lk 18). Wenn wir diese Geschichten betrachten, dann wird deutlich, welche Wirkung Gebet hat und in diesem Wissen werden wir unter Umständen noch beharrlicher und noch treuer bitten.

30.10. (ca. 2,5 Stunden)

„Nimm Isaak, deinen einzigen Sohn, den du lieb hast, und geh hin in das Land Morija und opfere ihn dort zum Brandopfer auf einem Berge, den ich dir sagen werde." (Gen 22,2) Es muss für Abraham sehr hart gewesen sein, diesen Befehl von Gott zu erhalten: Erstens war Isaak der einzige Sohn von Abraham mit Sara. Zweitens hatte Abraham seinen Sohn sehr lieb. Drittens schien dieser Befehl nicht nur allen Erfahrungen mit Gott, sondern auch allen Verheißungen von Gott zu widersprechen, denn ihm war verheißen: „nach Isaak soll dein Geschlecht benannt werden." (Gen 21,12) Ich weiß nicht, wie ich reagiert hätte. Vielleicht hätte ich den Befehl ignoriert? Vielleicht hätte ich den Befehl nicht Gottes Stimme, sondern Satans Stimme zugeschrieben? Vielleicht hätte ich mein Vertrauen in Gott verloren, weil ich die Spannung zwischen der Verheißung einerseits und dem Befehl andererseits nicht ausgehalten hätte? Ich hätte aber sicherlich nicht mit Abrahams Glauben und mit Abrahams Vertrauen reagiert. Wir erfahren nicht, ob Abraham Zweifel hatte, aber wir können aus seinem Handeln folgern, dass er entweder keine Zweifel hatte oder den Zweifeln keinen Raum gab. So wird die Umsetzung des Befehls in Angriff genommen, ohne Zeit verstreichen zu lassen: Am Morgen machen sich Abraham und Isaak mit zwei Knechten und einem Esel auf den Weg nach Morija, wobei sie Holz, aber kein Opfertier mitnehmen. Das kann untermauern, dass Abraham gehorchen wollte, d.h. seinen Sohn opfern wollte – ansonsten hätte er sicherlich ein Opfertier mitgenommen. Abraham, Isaak und die Knechte sind drei Tage unterwegs, bis sie in der Ferne den Berg sehen. Diese Tage sind wahrscheinlich mit einem schweren inneren Kampf verbunden, mit einem Kampf zwischen Glauben und Unglauben, zwischen Hoffnung und Hoffnungslosigkeit. Abraham hätte umkehren können, aber er wurde nicht ungehorsam, was seinen Glauben demonstriert. Schließlich werden die Knechte mit diesen Worten von Abraham zurückgelassen: „Bleibt ihr hier mit dem Esel. Ich und der Knabe wollen dorthin gehen, und wenn wir angebetet haben, wollen wir wieder zu euch kommen." (Gen 22,5) Die Ankündigung von seiner und von Isaaks Rückkehr kann wiederum Abrahams Vertrauen in Gott zeigen. Gott wird eine Lösung haben, wenngleich Abraham nicht weiß, wie diese Lösung aussehen soll. Auf dem Berg angekommen, werden die Vorbereitungen für die Opferung getroffen, vom Bauen des Altars über das Auflegen von Holz zum Binden von Issak. Abraham ist gehorsam, aber in dem Moment, wo Abraham Isaak schlachten will, wird von einem Engel des Herrn eingegriffen. Folglich ist festzuhalten, dass bei Abraham der Glaube mit den Werken verbunden war, d.h. die Bereitschaft, seinen Sohn zu opfern, resultierte aus seinem Glauben an Gott.

In Röm 8,32 wird von Paulus auf Gen 22,12 bzw. auf 22,16 zurückgegriffen, wo zu lesen ist: „denn nun weiß ich, dass du Gott fürchtest und hast deines einzigen Sohnes nicht verschont um meinetwillen." (Gen 22,12) bzw. „Weil du solches getan hast und hast deines einzigen Sohnes nicht verschont, will ich dein Geschlecht segnen und mehren wie die Sterne am Himmel und wie den Sand am Ufer des Meeres, und deine Nachkommen sollen die Tore ihrer Feinde besitzen." (Gen 22,16 f.)

Bei der Betrachtung von Röm 8 und Gen 22 wird deutlich, dass Gen 22 eine typologische bzw. eine vorschattende Bedeutung hat: Zum einen existieren Parallelen zwischen Abraham und Gott, zum andern zwischen Isaak und Jesus. Sowohl Abraham als auch Gott verschonen nicht ihren einzigen Sohn, wenngleich dieser Schritt mit sehr großem Schmerz verbunden ist. Zugleich wehren sich weder Isaak noch Jesus gegen den Willen ihres Vaters, d.h. sie leisten gegen die Opferung keinen Widerstand, sondern sie gehen diesen Schritt im Gehorsam. Ferner kann man eine Parallele zwischen dem Holz in Gen 22 und dem Kreuz in Joh 19 ziehen, denn das Holz wird von Isaak zur Opferstätte und das Kreuz von Jesus zur Kreuzigungsstätte getragen. Auch kann man das Schaf in Gen 22,8 als Hinweis auf Jesus deuten, auf das Opferlamm, das zur Vergebung der Sünden gestorben ist.

Hieraus lassen sich unter anderem Schlussfolgerungen für die Beziehung zwischen Abraham und Isaak ziehen: Zum einen muss Abraham seinen Sohn sehr lieben, wenn wir lesen: „Nimm Isaak, deinen einzigen Sohn, den du liebhast." (Gen 22,2) Zum andern muss das Vertrauen von Isaak zu Abraham sehr groß sein, denn Isaak lässt sich binden und auf das Holz legen, ohne sich zu widersetzen. Folglich basiert diese Liebes- und Vertrauensbeziehung auf Gegenseitigkeit, was unter anderem die folgenden sprachlichen Formulierungen verdeutlichen. So finden wir in Gen 22,6 und in Gen 22,8 die Formulierung: „und gingen die beiden miteinander. Man kann aus dem Wort „miteinander" die Innigkeit und die Verbundenheit zwischen Vater und Sohn herauslesen. Auch in der Anrede „Mein Vater" (Gen 22,7) bzw. in der Anrede „Mein Sohn" (Gen 22,7; Gen 22, 8) wird die Vertrautheit der Beziehung ersichtlich.

06.11. (ca. 4,5 Stunden)

Der Name „Jakob" hat die Bedeutung „der Hinterlistige", was sehr passend ist, wenn wir Gen 27 betrachten. So schmieden Jakob und seine Mutter einen Plan, um Jakob den Erstgeburtssegen zu verschaffen, den er von Esau durch ein Linsengericht erworben hat. Zwar hat Jakob etwas gegen diesen Plan einzuwenden, aber dieser Einwand resultiert eher aus der Befürchtung, der Plan könnte auffliegen als aus dem Eingeständnis, dass dieser Plan ein Betrug ist: „Siehe, mein Bruder Esau ist rau, doch ich bin glatt; so könnte vielleicht mein Vater mich betasten, und ich würde vor ihm dastehen, als ob ich ihn betrügen wollte, und brächte über mich einen Fluch und nicht einen Segen." (Gen 27,11 f.) Die Formulierung „ich würde dastehen, als ob ich ihn betrügen wollte" demonstriert, dass Jakob entweder kein Unrechtsbewusstsein hat oder aber, dass Jakob das Unrecht nicht eingestehen will. Die Befürchtung von Jakob wird abgetan, d.h. Jakob und seine Mutter machen sich an die Durchführung des Plans. Angesichts dieses Betrugs könnte man Jakob als egoistisch und als gewissenlos beschreiben. Bei der Durchführung hat Jakob keine Skrupel, seinen Vater zu belügen und sich auf die Frage seines Vaters zweimal als Esau auszugeben. Als Isaak wissen will: „Wie hast du so bald gefunden, mein Sohn?", da muss Gott für die Begründung herhalten: „Der HERR, dein Gott, bescherte mir's." (Gen 27,20) Das demonstriert, dass Jakob keine Ehrfurcht vor Gott hat. Die Wortwahl „dein Gott" kann aber auch implizieren, dass Jakob im Gegenteil zu Isaak noch keine Beziehung zu Gott hat. Diese Vermutung, dass Gott zwar der Gott Isaaks, aber noch nicht der Gott Jakobs ist, kann man durch Gen 28 bestätigen.

Jakob muss vor Esau fliehen und er hat auf der Flucht einen sehr eindrücklichen Traum von einer Himmelsleiter, worauf Engel auf- und absteigen. Nach dem Schauen der Himmelsleiter, reagiert Jakob zum einen mit dem Aufrichten eines Steinmals und zum andern mit einem Gelübde: „Wird Gott mit mir sein und mich behüten auf dem Wege, den ich reise, und mir Brot zu essen geben und Kleider anzuziehen und mich mit Frieden wieder heim zu meinem Vater bringen, so soll der HERR mein Gott sein. Und dieser Stein, den ich aufgerichtet habe zu einem Steinmal, soll ein Gotteshaus werden; und von allem, was du mir gibst, will ich dir den Zehnten geben." (Gen 28,20 f.) Wenn diese Bedingungen in Erfüllung gehen, dann wird Jakob den Herrn als seinen Gott anerkennen. Diese Bedingungen überschneiden sich mit Gottes Verheißungen bzw. Gottes Zusagen, die Jakob in Gen 22,15 empfangen hat, zum Beispiel mit der Verheißung, Jakob auf dem Weg zu behüten. Man könnte aus Jakobs Reaktion ableiten, dass Jakob eher misstrauisch und eher skeptisch hinsichtlich Gottes Verheißungen ist. Dennoch will er einen Versuch wagen und bei Erfüllung der Bedingungen eine Gegenleistung bringen, nämlich den Herrn als seinen Gott anerkennen, ein Gotteshaus bauen und den Zehnten geben. Man könnte aber auch aus Jakobs Reaktion ableiten, dass er den Glauben lediglich akzeptieren will, wenn er vom Glauben profitiert: Das Glauben soll sich lohnen.

In Gen 29 können wir Jakob als einen hilfsbereiten Menschen kennen lernen, der sich ohne Aufforderung beim Tränken der Schafe engagiert, aber auch als einen emotionalen Menschen. So reagiert er mit Tränen auf die Begegnung mit Rahel, wobei schwer einzuschätzen ist, ob Jakob grundsätzlich ein emotionaler Mensch ist.

Ferner wird deutlich, dass Jakob sowohl beharrlich als auch zielstrebig ist: Er will Laban 7 Jahre dienen, um Rahel zur Frau zu bekommen, aber 7 Jahre werden zu 14 Jahren, denn Laban hat Jakob betrogen und ihm Lea statt Rahel gegeben. Es ist beeindruckend, dass Jakob im Ganzen 14 Jahre für Rahel investiert und dass er sich trotz des Betruges nicht von seinem Ziel abbringen lässt. Anzumerken ist, dass Jakob in Laban einen ebenbürtigen Betrüger gefunden hat, denn einerseits hat Jakob seinen Vater Isaak und andererseits hat Laban seinen Schwiegersohn Jakob betrogen.

Nachdem Jakob zu Reichtum gekommen ist, wird die Beziehung zu Laban immer schwieriger, wobei die Krisensituationen in Jakobs Leben immer auch die Begegnung mit Gott implizieren: Gott gibt Jakob den Auftrag, zu seiner Verwandtschaft zurückzukehren und Jakob ist gehorsam, wobei nicht deutlich ist, woraus dieser Gehorsam resultiert: Ist er aufgrund seiner Erfahrungen mit Gott oder ist er aufgrund seiner Furcht vor Laban gehorsam? Jakob hat Gott als einen guten bzw. einen treuen Gott erfahren und er weiß, dass er seinen Reichtum nicht sich selber, sondern Gott zu verdanken hat: „So hat Gott die Güter eures Vaters ihm entwunden und mir gegeben." (Gen 31,9) Trotz dieser vielen guten Erfahrungen reagiert Jakob sehr ängstlich bzw. sehr feige auf die Schwierigkeiten mit Laban. Er will die Konfrontation mit Laban umgehen und aus diesem Grund die Flucht antreten statt Laban über seinen Wegzug informieren. Wie zu Beginn bei seinem Bruder Esau, wird die Flucht zum Lösungsmittel, aber er muss sich letztendlich sowohl Laban als auch Esau stellen. Bei der Begegnung mit Laban darf Jakob wiederum Gottes Eingreifen erfahren, denn Gott hat Laban geboten, freundlich mit Jakob zu reden. Hierdurch lässt sich eine Zuspitzung des Konflikts verhindern und eine Einigung erzielen, die Jakob und Laban mit einem Vertrag besiegeln. Interessanterweise wird Gott als Richter in diesen Vertrag einbezogen: „Der Gott Abrahams und der Gott Nahors sei Richter zwischen uns – der Gott ihres Vaters! Und Jakob schwor ihm bei dem Schrecken Isaaks, dem Gott seines Vaters." Die Formulierung „dem Gott seines Vaters" kann verdeutlichen, dass Gott noch immer nicht der Gott Jakobs ist, sondern nach wie vor der Gott Isaaks.

Bei der Begegnung mit Esau will Jakob strategisch vorgehen, um den Konflikt zu entschärfen. So sollen Boten eine Nachricht an Esau von „seinem Knecht Jakob" übermitteln. Ich weiß nicht, ob diese Unterwürfigkeit von Jakob echt ist, denn entsprechend dem Segen seines Vaters soll er nicht Knecht, sondern Herr über seine Brüder sein. Er ist vielleicht unsicher, ob dieser Segen Gültigkeit hat, weil der Segen erschlichen ist, so dass er sich mit dieser Unterwürfigkeit und mit den Geschenken bei seinem Bruder einschmeicheln will. Er ist vielleicht aber auch durch die Erfahrungen mit Laban und mit Gott ehrlicher geworden, so dass er das Unrecht durch Unterwürfigkeit und durch Geschenke wiedergutmachen will. Wir können lediglich spekulieren, inwieweit eine Veränderung schon stattgefunden hat, aber wir erfahren, dass Jakob sehr ehrlich gegenüber Gott und gegenüber sich selber ist: „Herr, ich bin zu gering aller Barmherzigkeit und aller Treue, die du an deinem Knechte getan hast; (…) Errette mich von der Hand Esaus; denn ich fürchte mich vor ihm". (Gen 31,11 f.) Jakob erkennt und er bekennt in der Krisensituation seine eigene Unzulänglichkeit, aber es ist noch nicht der Wendepunkt in seinem Leben. Dieser Wendepunkt passiert beim Kampf am Jabbok: In der Nacht überqueren Jakob, seine Frauen, seine Mägde und seine Kinder den Jabbok, aber im Anschluss wird die Familie von Jakob am jenseitigen Ufer zurückgelassen, d.h. Jakob ist ganz allein am diesseitigen Ufer. Vielleicht will er über den morgigen Tag bzw. über die morgige Begegnung mit Esau nachdenken? Vielleicht will er sich mit seiner Vergangenheit auseinandersetzen? Diese Auseinandersetzung mit sich selber passiert bei Jakob nicht nur auf einer seelischen Ebene, sondern auch auf einer körperlichen Ebene. Jakob muss bis zum Sonnenaufgang mit einem Mann ringen, wobei dieses Ringen bzw. diese Konfrontation für Jakob sehr schmerzlich ist: Jakob wird von seinem Gegenüber auf das Gelenk der Hüfte geschlagen, woraus nicht nur eine Verrenkung der Hüfte, sondern auch ein Hinken an der Hüfte resultiert. Trotz dieser Verletzung will Jakob sein Gegenüber nicht gehen lassen: „Ich lasse dich nicht, du segnest mich denn." (Gen 32,27) Das Thema Segen ist im Leben von Jakob sehr zentral, aber diesmal will Jakob den Segen nicht auf unehrlichem Weg, sondern auf ehrlichem Weg erwerben. Vielleicht will er dadurch die Vergangenheit bereinigen? So muss Jakob seinen Namen nennen, um den Segen zu erhalten, d.h. er muss eingestehen, dass er Jakob, der Hinterlistige bzw. der Betrüger ist. Dieses Eingeständnis ist notwendig für die Veränderung, die im Anschluss passiert: „Du sollst nicht mehr Jakob heißen, sondern Israel; denn du hast mit Gott und mit Menschen gekämpft und hast gewonnen." (Gen 32,30) Diese Begegnung wird zum Schlüsselerlebnis hinsichtlich seiner Beziehung zu sich selber, seiner Beziehung zu den anderen seiner Beziehung zu Gott. Vielleicht kann der Jabbok diese Veränderung zwischen dem früheren Leben und dem späteren Leben symbolisieren: Jakob musste seine Familie am jenseitigen Ufer zurücklassen und ans diesseitige Ufer zurückkehren, um sich mit seiner Person und mit seiner Vergangenheit auseinanderzusetzen. Im Anschluss kann er den Jabbok durchqueren und seinem Bruder gegenübertreten. Die Reaktion von Esau beim Wiedersehen kann verdeutlichen, dass Esau Jakob verziehen hat. Dennoch will Jakob seinen Betrug wiedergutmachen: Zum einen demonstriert seine Formulierung „deinem Knecht" (=Jakob) und „meinem Herrn" (=Esau), dass er seinen Bruder als den Erstgeborenen sowohl akzeptiert als auch respektiert. Zum andern demonstriert seine Nötigung, das Geschenk bzw. die Segensgabe anzunehmen, dass er seinem Bruder zurückgeben will, was er ihm durch den Erstgeburtssegen evtl. genommen hat. Die Veränderungen betreffen einerseits die Beziehung zu seinem Bruder, andererseits aber auch die Beziehung zu Gott. Jakob hat erfahren, dass Gott treu ist und er will nun den Gott seines Vaters als seinen Gott annehmen. Diese Entscheidung wird durch die Errichtung eines Altars mit Namen „Gott ist der Gott Israels" deutlich. Die Beziehung zwischen Jakob und Gott ist auf Seiten von Jakob durch Gehorsam bzw. durch Umkehr und auf Seiten von Gott durch Segen charakterisiert. So reagiert Jakob mit Gehorsam auf die Aufforderung von Gott, nach Bethel zu ziehen, in Bethel zu wohnen und in Bethel einen Altar zu errichten, aber er reagiert auch mit Umkehr. Er ist willig, sich immer wieder auf Gott auszurichten, wobei diese Ausrichtung nicht nur innerlich, sondern auch äußerlich passiert: Sein Haus muss die fremden Götter wegtun und die Kleider wechseln, um sich zu reinigen. Im Anschluss kann er den Altar bauen und den Segen von Gott empfangen. Vielleicht korrelieren Gehorsam und Segen bis zu einem gewissen Grad, insofern als aus Gehorsam Segen resultiert?

Die Geschichte von Jakob kann verdeutlichen, dass Gott einen Plan mit jedem Menschen hat und dass er seinen Plan zum Ziel führen will. Das passiert nicht unabhängig vom Menschen, was der Betrug von Rebekka und Jakob demonstriert. Ferner eröffnen Krisensituationen immer wieder Gotteserfahrungen: Bei Jakob sind unter anderem die Fluchtsituation, die Spannungen zwischen Jakob und Laban mit den bunten bzw. den sprenkligen Schafen, die Begegnung mit Esau, etc. zu nennen. In diesen Situationen hat Jakob immer wieder Gottes Handeln erfahren. Es ist sehr berührend, zu sehen, dass Gott mit einem Hinterlistigen bzw. einem Betrüger statt mit einem Helden seine Geschichte schreiben will. Wer außer Gott würde einen Betrüger erwählen? Es ist ferner beeindruckend, dass Gott sehr viel Geduld hat: Jakob darf immer wieder Gottes Segen erfahren, wenngleich er Gott noch nicht als seinen Gott angenommen hat.

Hier lassen sich Parallelen zu meinem Leben ziehen: Gott hat nicht nur Jakob, sondern auch mir Zeit gelassen, ihn immer besser kennenzulernen. Zugleich habe ich sehr viel Segen in meiner Kindheit und in meinem Studium empfangen, wodurch mein Vertrauen zu Gott langsam gewachsen ist. Ich konnte Gottes Führung sehr stark in einer Krisensituation erleben: Diese Krisensituation war wie beim Kampf am Jabbok einerseits sehr schmerzlich, aber andererseits sehr segensreich war, denn letztendlich resultiert meine Bekehrung aus dieser Krisenerfahrung.

13.11. (ca. 5,5 Stunden)

Gen 32; Gen 34; Gen 35,13-21

Wahrscheinlich war das Ereignis am Jabbok für Josef sehr einschneidend, denn durch den Kampf am Jabbok war eine äußerliche und eine innerliche Veränderung in Jakob vorgegangen, die Josef wahrgenommen hat: Zum einen war das Hinken seines Vaters unübersehbar und zum andern war das Hinken mit einer Gotteserfahrung verbunden, d.h. Gott war nicht mehr lediglich der Gott Isaaks, sondern auch der Gott Jakobs. Vielleicht hat Jakob immer wieder seine Erfahrungen mit Gott thematisiert, so dass Josef in diesem Sinne sehr christlich aufgewachsen ist. Hierdurch konnten sein Glaube und sein Vertrauen zu Gott zunehmen.

Ferner hat er die Schandtat an Dina mitbekommen samt dem anschließenden grausamen Blutbad. Diese blutige grausame Vergeltung war sicherlich sehr schockierend, so dass er sich unter Umständen vorgenommen hat, keine blutige grausame Vergeltung zu üben, wenn ihm Menschen ein Unrecht zufügen. Das kann zum Beispiel seine Versöhnungsbereitschaft gegenüber seinen Brüdern erklären, die ihm sehr viel Unrecht und sehr viel Leid durch den Verkauf nach Ägypten antaten.

Sehr gravierend war der Tod seiner Mutter Rahel, die bei der Geburt von Benjamin starb. Vielleicht resultiert die enge Beziehung zu Benjamin daher, dass Josef und Benjamin dieselbe Mutter hatten oder dass Josef das Gefühl hatte, an seiner Mutter statt für Benjamin verantwortlich zu sein.

Gen 37,1-11

Die Feindschaft zwischen Josef und seinen Brüdern resultiert vor allem daher, dass Josef der Lieblingssohn von Israel ist – schließlich ist er der Sohn von Rahel und der Sohn seines Alters. Israel demonstriert seine Liebe sehr offensichtlich, indem er Josef einen schönen bunten Rock fabriziert. Abgesehen davon hat Josefs Verhalten zur Feindschaft beigetragen: Er tendiert immer wieder dazu, seine Brüder bei seinem Vater zu verpetzen. Ferner thematisiert er seinen Traum von den Garben und seinen Traum von den Gestirnen, die sich vor ihm verneigen, wobei sich die 11 Garben und die 11 Sterne auf seine Brüder beziehen. Er thematisiert diese Träume sowie die Traumdeutung statt diese Träume zu verschweigen. Die Brüder gewinnen den Eindruck, dass Josef über die Brüder herrschen will und sie werden noch feindseliger bzw. noch neidischer.

Josef ist meines Erachtens wenig empathiefähig, d.h. er kann sich nicht in die Brüder hineinversetzen. Er würde ansonsten verstehen, dass es nicht sinnvoll ist, seine Brüder zu verpetzen oder seine Träume zu erzählen. Vielleicht ist er sehr naiv, so dass er die Konsequenzen seines Verhaltens nicht realisiert. Vielleicht ist er aber auch sehr berechnend, so dass er beim Vater einen Vorteil durch das Petzen ergattern will. Es kann ferner ein Zeichen von Arroganz oder von Stolz sein, dass er die Träume gegenüber seinen Brüdern und seinem Vater thematisiert.

Gen 37,12-36

Ruben ist mehr in Sorge als seine Brüder, weil er der älteste bzw. der erstgeborene Sohn von Israel ist und daher die Verantwortung hat, dass seinen Brüdern nichts passiert. Jedoch ist er im Konflikt zwischen der Verantwortung für Josef einerseits und der Solidarität mit seinen Brüdern andererseits. Schließlich animiert er seine Brüder dazu, Josef nicht zu töten, sondern Josef in eine Grube zu werfen – mit dem Hintergedanken, Josef zu retten und seinem Vater wiederzubringen. Dieser Plan ist misslungen, denn Josef wird in Abwesenheit von Ruben an die midianitischen vorüberziehenden Kaufleute übergeben. Als Ruben registriert, dass Josef nicht mehr in der Grube ist, reagiert er mit dem Zerreißen seines Kleides. Diese Reaktion resultiert aber nicht aus Verzweiflung um seines Bruders willen, sondern aus Verzweiflung um seiner selbst willen: „Der Knabe ist nicht da! Wo soll ich hin?" (Gen 37,30) Der Verkauf von Josef ist ein Vorschlag von Juda, der Josef nicht töten will, weil Josef sein Bruder ist. Juda und Ruben unterscheiden sich sehr stark hinsichtlich ihrer Motive, denn Juda will eher Josef und Ruben will eher sich selber retten. Folglich konfrontiert Juda seine Brüder mit dem Vorschlag, Josef an die Ismaeliter zu verkaufen, wobei die Brüder den Vorschlag akzeptieren. Hierdurch wird Juda einerseits zum Retter von Josef und andererseits zum Handwerkszeug von Gott. Schließlich ist der

Verkauf nach Ägypten später von großer entscheidender Bedeutung. Vielleicht ist es kein Zufall, dass Juda einerseits der Retter von Josef und andererseits der Weitergeber der Heilslinie ist?

Gen 38

Die Geschichte hat Eingang in die Bibel gefunden, weil der Sohn von Juda und Tamar in der Heilslinie vertreten ist. Das demonstriert, dass Gott nicht nur „perfekte" Menschen, sondern auch „imperfekte" Menschen gebrauchen will, um seinen Plan zu vollenden.

Gen 39

Im Text lassen sich immer wieder Aussagen zum Stickwort „glücken" finden: „ein Mann, (..) dem alles glückte" (Gen 39,2), „alles, was er tat, das ließ der HERR in seiner Hand glücken" (Gen 39,3), „was er tat, dazu gab der HERR Glück" (Gen 39,23). Ferner Aussagen wie: „der HERR war mit Josef" (Gen 39,2), „sein Herr sah, daß der HERR mit ihm war" (Gen 39,3), „der HERR war mit ihm" (Gen 39,21) und „der HERR war mit Josef" (Gen 39,23). Schließlich Aussagen zum Stichwort „Gnade finden": „so daß er Gnade fand vor seinem Herrn" (Gen 39,4) und „ließ ihn Gnade finden vor dem Amtmann im Gefängnis" (Gen 39,21).

Diese Aussagen gelten unabhängig von der Situation, in der Josef ist: Sowohl in Potifars Haus als auch im Gefängnis ist der Herr mit ihm, lässt der Herr ihm alles glücken und lässt der Herr ihn Gnade finden vor seinen Vorgesetzten. Folglich kann Gott in jeder Situation segnen, unabhängig von den Umständen, d.h. nicht nur in guten, sondern auch in schlechten Zeiten.

Gen 39,1-20

Meines Erachtens kann Josef einerseits aufgrund seiner Loyalität Gott gegenüber und andererseits aufgrund seiner Loyalität Potifar gegenüber widerstehen. Josef will zum einen nicht gegen Gott sündigen, denn er hat sehr großen Segen von Gott empfangen. Ferner hat er die Gewissheit, dass Gott mit ihm ist, unabhängig davon, was passiert. Er will zum andern nicht gegen Potifar sündigen, denn er hat von Potifar sowohl Vertrauen als auch Verantwortung erhalten, was er nicht missbrauchen will.

Gen 39,21-40

Josef wird durch den Traum des Bäckers bzw. des Mundschenks mit deren Schicksal konfrontiert. Hierdurch sind unter Umständen einerseits Fragen nach seinem Schicksal und andererseits Erinnerungen an seine Träume hinsichtlich der Garben und der Gestirne hochgekommen. Die Erinnerung an seine Träume kann entweder negativ oder positiv sein: Negativ im Sinne von Zweifel, ob die Träume eintreten. Positiv im Sinne von Hoffnung, dass die Träume eintreten, wenn die Zeit reif ist. Er war sehr hoffnungsvoll angesichts der Entlassung des Mundschenks, denn der Mundschenk würde seiner Bitte sicherlich nachkommen und beim Pharao ein Wort für ihn einlegen. Es muss sehr frustrierend sein, nach Wochen zu merken, dass der Mundschenk seiner Bitte nicht nachgekommen ist. Wahrscheinlich schwanken seine Gefühle zwischen Hoffnung und Hoffnungslosigkeit, zwischen Auflehnung und Resignation, etc. Auch kann die Ungerechtigkeit bzw. das Wissen, dass man unschuldig im Gefängnis ist sowohl Hass auf die Brüder als auch auf die Frau Potifars wecken.

Abgesehen davon kann die Namensgebung seiner beiden späteren Söhne verdeutlichen, dass nicht nur Negatives, sondern auch Positives mit dem Leiden verbunden war. So heißen seine Söhne Manasse und Ephraim: Manasse, denn Gott hat ihn sein Unglück und sein Vaterhaus vergessen lassen. Ephraim, denn Gott hat ihn in dem Lande seines Elends wachsen lassen. Hieran wird deutlich, dass Josef von Gott immer wieder Kraft zum Durchhalten bekommen hat. Zugleich war die Zeit des Leidens mit einem inneren bzw. einem geistlichen Wachstum verbunden, weshalb Josef von der Zeit des Leidens auch profitiert hat.

Gen 41

Man kann das geistliche Prinzip erkennen, dass Erniedrigung und Erhöhung korrelieren, d.h. auf Demut, Gehorsam und Erniedrigung wird Erhöhung folgen. Josef hat dieses Prinzip begriffen, was die Namensgebung seiner beiden späteren Söhne demonstriert: Gott hat ihn einerseits sein Unglück und sein Vaterhaus vergessen lassen und Gott hat ihn andererseits in dem Lande seines Elends wachsen lassen. Folglich war die Zeit des Leidens mit einem inneren bzw. einem geistlichen Wachstum verbunden, weshalb Josef von der Zeit des Leidens auch profitiert hat. Wenn wir uns dieses Prinzip vergegenwärtigen, dann kann sich die Einstellung verändern, wie Leiderfahrungen zu bewerten sind bzw. wie Leiderfahrungen zu begegnen ist. Wir werden Leiderfahrungen nicht nur negativ, sondern auch positiv bewerten, weil Leiderfahrungen immer auch Wachstum bedeuten.

Gen 42-46

Josef will vor allem erforschen, ob eine Veränderung bei den Brüdern stattgefunden hat: Zum einen sollen die Brüder Benjamin holen, denn er will erfahren, ob die Brüder nicht nur ihm, sondern auch Benjamin ein Leid antaten. Zum andern sollen die Brüder einen Bruder zurücklassen, denn er will wissen, ob die Brüder diesen Bruder im Stich lassen, d.h. ob sie nur an sich oder auch an den Bruder denken. Josefs Verhalten konfrontiert die Brüder mit Erinnerungen, nämlich mit Erinnerungen an die Auslieferung von Josef an die Kaufleute. Die Brüder interpretieren Josefs Verhalten als eine Strafe für die Auslieferung von Josef bzw. als eine Strafe für die Vergangenheit. Hier ist anzumerken, dass Josef immer wieder sehr stark mit seinen Emotionen zu kämpfen hat: Er muss sich abwenden, um sein Weinen zu verbergen als die Brüder von ihrer Schuld sprechen und als die Brüder Benjamin bringen. Das demonstriert, dass Josefs Verhalten und Josefs Emotionen nicht zusammenpassen. Josef muss Härte zeigen, wenn er wissen will, ob eine Veränderung bei den Brüdern stattgefunden hat, aber er ist nicht voller Hass, sondern voller Liebe für seine Brüder. Josefs Verhalten wird nach der ersten Reise noch drastischer, wobei der Härtetest bei der zweiten Reise passiert: Josef hat einen Becher im Sack von Benjamin verstecken lassen, um einen Vorwand für die Verhaftung von Benjamin zu erhalten. Wie werden die Brüder reagieren? Werden sie ihren Bruder seinem Schicksal überlassen? Werden sie ohne ihren Bruder zum Vater heimkehren? Die Reaktion der Brüder demonstriert Josef, dass eine Veränderung stattgefunden hat. Juda will die Verantwortung für Benjamin übernehmen, d.h. er will hierbleiben und Josef als Sklave dienen, um Benjamin zum Vater zurückkehren zu lassen. In diesem einen Bereich haben Veränderungen stattgefunden, in einem anderen Bereich nicht, denn Josef muss die Brüder ermahnen, auf dem Heimweg nicht zu streiten.

Gen 47-49

Außergewöhnlich ist bei der Segenszuteilung, dass weder Manasse noch Ruben den Erstgeburtssegen erhalten, wenngleich sie die Erstgeborenen sind.
Israel will durch Kreuzung seiner Arme nicht Manasse, sondern Ephraim den Erstgeburtssegen zusprechen und wenngleich Josef diese Segenszuteilung moniert, lässt sich Israel von der Kreuzung seiner Arme nicht abbringen. Zugleich wird diese Segenszuteilung durch die Formulierung „Ephraim und Manasse" statt „Manasse und Ephraim" unterstrichen. Auffällig ist außerdem, dass Ephraim und Manasse als Söhne von Israel gelten, wodurch sie ein doppeltes Erbteil erhalten.
Israel will ferner nicht Ruben, sondern Juda den Erstgeburtssegen zusprechen, d.h. die Heilslinie wird über Juda statt über Ruben verlaufen und der Messias wird aus Juda kommen.

Gen 50

Offensichtlich befürchten die Brüder, dass Josef ihnen die Bosheit vergelten will, nachdem Israel gestorben ist. Folglich greifen sie zu einer Lüge, um Vergebung von Josef zu erlangen: „Dein Vater befahl vor seinem Tode und sprach: So sollt ihr zu Josef sagen: Vergib doch deinen Brüdern die Missetat und ihre Sünde, daß sie so übel an dir getan haben." (Gen 50,16 f.) Josef reagiert mit Weinen, aber wir erfahren nicht warum. Vielleicht weiß er um die Lüge und er ist traurig, weil seine Brüder sehr schlecht von ihm denken? Wir erfahren durch seine Antwort sehr viel über Vergebung: „Fürchtet euch nicht! Stehe ich denn an Gottes Statt?" (Gen 50,19) Diese Antwort kann bedeuten, dass wir nicht die Vergebung verweigern sollen, wenn Gott vergeben will. Wir sollen uns nicht über Gott stellen, indem wir uns zum Richter aufspielen, denn Gott kann aus Bösem auch Gutes erwachsen lassen: Die Brüder verkauften Josef nach Ägypten und dadurch konnte Gott sein Volk während der Hungersnot am Leben erhalten. Diese Perspektive kann den Schritt der Vergebung erleichtern.

Literaturverzeichnis

Rienecker, F. und G. Maier (Hg.): Bund, Bündnis, Lexikon zur Bibel, 1998.